Cómo Enviar y Distribuir Aplicaciones en la Google Play Store:

Aprenda a generar un archivo APK firmado de lanzamiento del Android Studio, crear una cuenta de desarrollador, y publicar su aplicación en la Google Play Store

Por
Joseph Correa

COPYRIGHT

Esta publicación está destinada a proporcionar información precisa y fiable en referencia a la temática cubierta. Ésta es comercializada bajo el entendimiento de que, ni el autor ni la editorial, pretenden brindar asesoría. Si usted requiere asistencia técnica, consulte con un especialista en aplicaciones en el campo de IT, que pueda manejar cuestiones específicas. Este libro es considerado una guía y no debe ser utilizado de ninguna otra manera.

AGRADECIMIENTOS

Este libro está dedicado a mi familia. Gracias por darme la inspiración para hacer este libro posible.

Cómo Enviar y Distribuir Aplicaciones en la Google Play Store:

Aprenda a generar un archivo APK firmado de lanzamiento del Android Studio, crear una cuenta de desarrollador, y publicar su aplicación en la Google Play Store

Por
Joseph Correa

TABLA DE CONTENIDO

INTRODUCCIÓN

Este libro le enseñará cómo enviar exitosamente una aplicación a la Google Play Store y obtener su aprobación, mediante un proceso paso a paso desde el inicio hasta el final. Aprenda cómo abrir una cuenta de desarrollador y convertirse en desarrollador Google® registrado. Usted aprenderá cómo generar un archivo APK firmado de lanzamiento del Android Studio, crear una cuenta de desarrollador, y publicar su aplicación en la Google Play Store.

Los errores comunes son tratados, y las soluciones a estos errores se detallan, con el objeto de ayudarle a enfrentar situaciones frustrantes que pueden corregirse fácilmente, para guiarle a través del proceso de envío de la aplicación de manera exitosa.

En cada Capítulo, se explicará un proceso paso a paso, de la siguiente manera:

Capítulo Uno: La Google Play Store

Capítulo Dos: Cómo generar un archivo APK firmado de lanzamiento del Android Studio

Capítulo Tres: Crear una Cuenta de Desarrollador de Google Play

Capítulo Cuatro: Publicar su aplicación en la Google Play Store

Capítulo Cinco: Errores comunes en la distribución de Aplicaciones de Google y cómo evitarlos

CAPÍTULO UNO

La Google Play Store

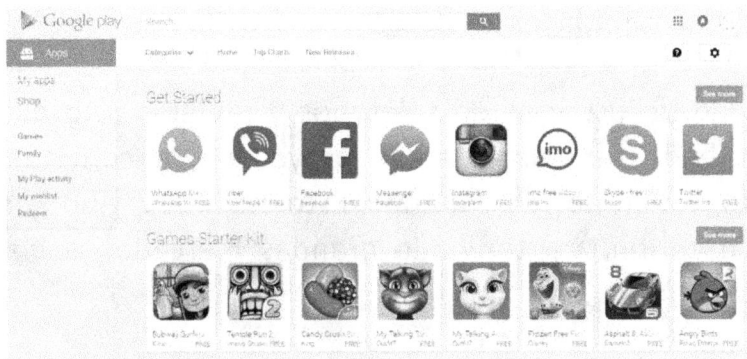

La belleza de ser un desarrollador de aplicaciones en esta época, es el amplio rango y variedad de las plataformas, herramientas y ambientes para y con los que puedes desarrollar. No es una exageración decir que existen muchas opciones en la actualidad, pero, en ningún lugar es esto más cierto que el desarrollo para la plataforma de Android.

La Google play store es la forma más sencilla de distribuir su aplicación Android. Aunque no es la única forma, es la más sencilla para llegar a millones de usuarios potenciales. La publicación de su primera aplicación no es tan difícil como cree, con algunos pasos destacados en este libro electrónico, usted podrá tener lista su aplicación para la descarga en casi nada de tiempo. Pero antes de hacer esto, demos un vistazo a las razones por las cuales usted necesita publicar su aplicación en la Google Play store.

Por qué distribuir su aplicación en Google Play

La Google Play store, es la primera tienda para distribuir aplicaciones Android. La publicación de su aplicación en Google play implica que la está exponiendo a más de un billón de usuarios Android activos en más de 190 países alrededor del mundo.

La cantidad de usuarios de teléfonos y tabletas Android está creciendo rápidamente. Se proyecta que continúe creciendo en todo el mundo. Esto significa que su aplicación continuará teniendo grandes mercados en la Google play store.

Más de un billón de aplicaciones han sido descargadas de Google play. Es por esto que usted puede estar seguro de que su aplicación no se quedará en la estantería.

Prerrequisito para publicar aplicaciones en Google play

Antes de publicar sus aplicaciones en Google play y distribuirlas a otros, debe tenerlas listas. Los puntos a continuación le ayudarán a estar listo.

1. Lea las políticas y acuerdos de Google Play

Asegúrese de leer y entender las políticas del programa Google play antes de registrarse. Google play impone las políticas y si usted las viola, sus aplicaciones serán suspendidas. Si continúa violándolas, su cuenta de desarrollador será eliminada.

2. Compruebe la calidad de su aplicación

Antes de publicar sus aplicaciones en Google play store, usted debe asegurarse de que cumplen los requerimientos de calidad básicos, para todas las aplicaciones Android, para todos los dispositivos a los que planea dirigirlas. Usted puede comprobar la calidad de sus aplicaciones, configurando un ambiente de prueba y probándolo contra un grupo de criterios de calidad que aplican para todas las aplicaciones Android. Puede revisar las directrices aquí -

http://developer.android.com/distribute/essentials/quality/core.html

3. Conozca la clasificación del contenido de su aplicación

Google play quiere que todos los usuarios Android fijen una clasificación de contenido para sus aplicaciones. Esto permitirá a los usuarios de Google play conocer su nivel de madurez. Escoja la clasificación apropiada para su aplicación antes de publicarla. A continuación se encuentran los niveles de clasificación de contenido disponibles:

a.   Para Todos
b.   Nivel de Madurez bajo
c.   Nivel de Madurez medio
d.   Nivel de Madurez alto

Los usuarios de Android pueden configurar su nivel de madurez deseado para la búsqueda en sus dispositivos.

Google play filtra las aplicaciones basado en esa configuración, de modo que la clasificación del contenido que usted escoja, puede afectar la distribución de la aplicación a los usuarios.

4.   Conozca su distribución de país

Google play le permite controlar los países y territorios a los cuales quiere distribuir sus aplicaciones. Con el objeto de alcanzar una mayor población de clientes, es recomendable que distribuya sus aplicaciones a todos los países y territorios disponibles. Sin embargo, usted también puede excluir uno o dos países de su distribución.

Usted necesita conocer sus países de distribución desde el comienzo, pues esto puede afectar el soporte por zona horaria, precios locales, requerimientos legales, etc.

5.   Revise el tamaño de su aplicación

Google play especifica que el tamaño máximo que debe tener un archivo APK para ser publicado en Google play es de 50mb. Si su aplicación tiene un tamaño mayor a este, usted tendrá que ofrecer una descarga secundaria (archivos APK de expansión). Usted puede subir dos archivos de hasta casi 2GB de tamaño para cada APK, utilizando los archivos APK de expansión.

6.   Revise la plataforma de su aplicación y los rangos de compatibilidad de pantalla

Antes de publicar su aplicación, es importante asegurar que su aplicación está diseñada para funcionar adecuadamente en las versiones de plataformas Android y en los tamaños de pantalla de los dispositivos a los cuales está dirigida. La compatibilidad de la aplicación está definida por el nivel API. Usted debe verificar que la versión mínima de su aplicación sea compatible con <minSdkVersion>, pues esto afectará la distribución a todos los demás dispositivos Android una vez que la publique.

Usted debe asegurar que su aplicación se vea muy bien en los diferentes tamaños de y densidades de pantalla que usted desee soportar. Puede seguir los consejos aquí - http://developer.android.com/guide/practices/screens_support.html

7.   Decida si su aplicación será gratuita o de pago

Usted puede publicar y distribuir sus aplicaciones en Google Play como una descarga gratuita o de pago. Las aplicaciones gratuitas están al alcance y pueden descargarse por cualquier usuario en Google play. Sin embargo, las aplicaciones de pago sólo pueden descargarse por usuarios que estén en un país que soporte descargas de pago, y tengan una cuenta en Google play con su método de pago establecido, tales como tarjeta de crédito o direct carrier billing. Saber si quiere publicar su aplicación como gratuita o de pago es muy importante, pues una vez que la configure como una aplicación gratuita, ésta deberá permanecer como gratuita, no podrá cambiarlo. Pero si usted desea cambiar su aplicación de pago a gratuita, esto es posible, sin embargo, no podrá revertirlo.

Herramientas requeridas

Herramientas requeridas / Recursos

1. La aplicación
2. El archivo APK
3. La tarifa de registro de US $25
4. Un navegador
5. Conexión a internet
6. Una computadora

CAPÍTULO DOS

Cómo generar un archivo APK firmado de lanzamiento del Android Studio

Una vez que haya finalizado el desarrollo de su aplicación Android y la haya probado, el siguiente paso es prepararla para su envío a la Google Play store. Antes de enviar la aplicación, debe empaquetarla para su lanzamiento compilándola en modo de lanzamiento y firmándola con una contraseña privada, que muestra que usted es el desarrollador de la aplicación. En esta etapa, usted aprenderá cómo obtener la contraseña privada y preparar su aplicación para el lanzamiento.

Cambiar la versión de construcción de la aplicación

El primer paso es cambiar la versión de construcción de la aplicación de prueba a lanzamiento.

Usted puede acceder a la herramientas de versiones de construcción desde el menú rápido de acceso ubicada a la esquina derecha de la ventana principal del Android Studio, como se muestra a continuación.

Una vez que vea la ventana de versiones de construcción, haga clic sobre ella y cambie, de prueba a lanzamiento, la configuración de versión de construcción para todos los módulos listados.

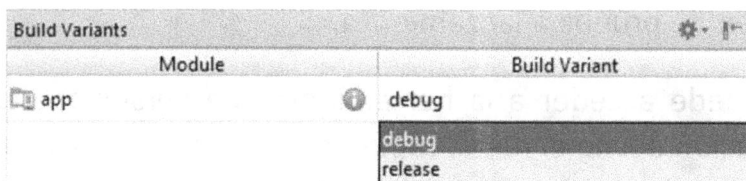

Cuando termine con esto, el proyecto estará configurado para construir en modo de lanzamiento. Lo siguiente es configurar la información de contraseña de firma. Usted la necesitará cuando genere el paquete de aplicación firmada.

Crear un archivo de almacenamiento de contraseña

Aquí, usted creará un archivo de almacenamiento de contraseña. Para hacer esto, haga clic en **Crear**, luego **generar APK firmada**. A continuación se encuentra la figura que muestra el cuadro de diálogo del Asistente para Generar APK firmada.

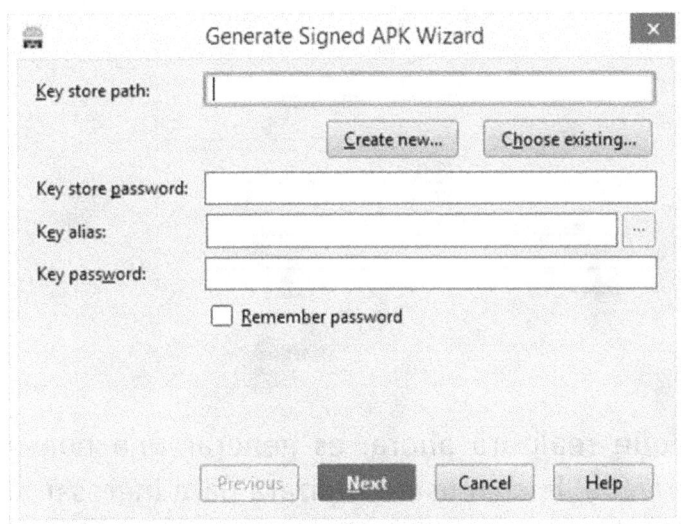

Si usted tiene un archivo de almacenamiento de contraseña de lanzamiento, haga clic en el botón **"Seleccionar existente"** y seleccione el archivo adecuado. Si no lo tiene, haga clic en el botón **"crear nuevo..."**, para desplegar el cuadro de diálogo de Nuevo Almacén de Contraseñas.

Generar una contraseña privada

Haga clic en el botón a la derecha del capo de directorio del almacén de contraseña e ingrese un nombre para el archivo de almacenamiento de contraseña.

Lo siguiente que realizará ahora, es generar una nueva contraseña privada, la cual usted utilizará para ingresar al paquete de la aplicación.

Ahora, ingrese su "**password**" con la cual protegerá el archivo de almacenamiento de contraseña.

*   Ingrese un **"alias"** para referenciar su contraseña. Pueden ser caracteres.

*   Ingrese una **"password"** difícil para proteger la contraseña.

*   Especifique el número de años para la "**validez**" de la contraseña. Google recomienda una duración de 27 años.

Complete su nombre y apellido, unidad organizacional, organización, ciudad o localidad, estado o provincia y su código de país.

Cuando finalice, haga clic en **"ok"** para continuar hacia la creación del paquete.

Crear el archivo APK de la aplicación

Lo siguiente es generar su archivo APK. Usted tendrá que generar el paquete APK en el modo de lanzamiento e ingresar con su recién creada contraseña privada. Usted verá el cuadro de diálogo para archivo APK, tal como se muestra a continuación.

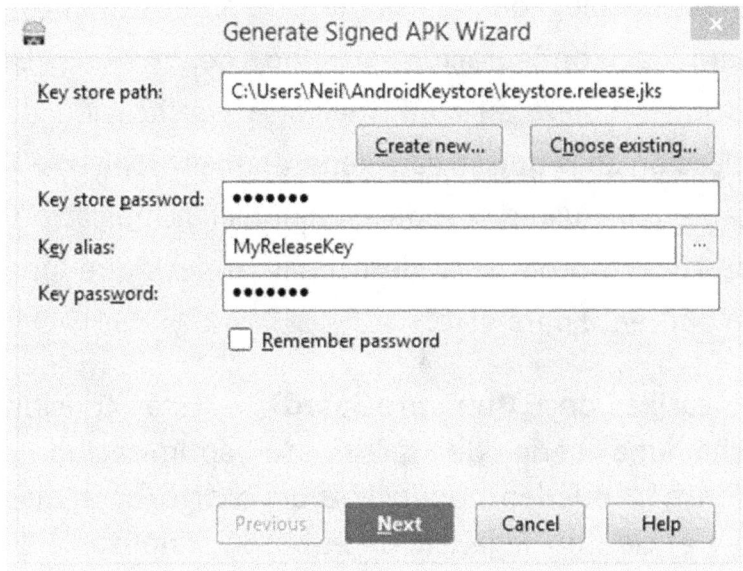

Revise para asegurarse de que la configuración está correcta y luego haga clic en el botón **"siguiente"** para generar el archivo APK.

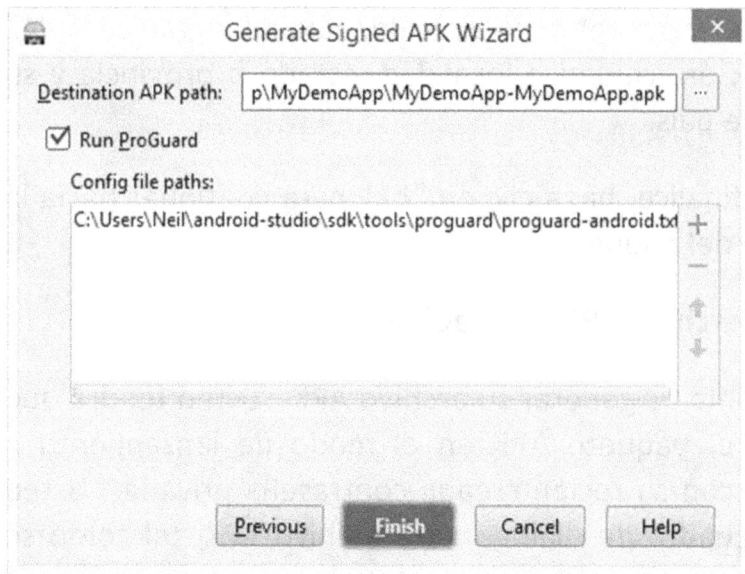

En la pantalla desplegada (que se muestra anteriormente), usted verá la configuración destino del APK. La configuración requiere su confirmación o verificación de que la ubicación en la que se está generando el archivo APK es aceptable para usted. Si desea cambiar la ubicación, haga clic en el botón a la derecha y especifique una ubicación diferente para este.

Tilde la casilla de "**Run proGuard**". Esta función desempeña una serie de tareas de optimización y verificación que pueden conducir a un código byte más pequeño y eficiente. Haga clic en el botón "**finalizar**". El sistema Gradle compilará por usted la aplicación en modo de lanzamiento. Una vez que usted finalice la construcción, aparecerá un cuadro de diálogo, dándole la opción de abrir la carpeta que contiene el archivo APK en una ventana de exploración.

Generate Signed APK Wizard ×

File MyDemoApp-MyDemoApp.apk was successfully created

Show in Explorer   Close

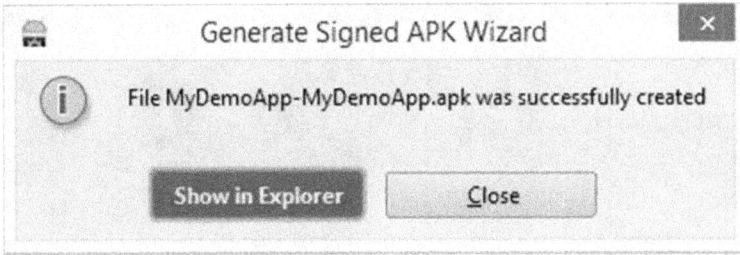

Su aplicación ya está lista para ser enviada a la Google play store.

CAPÍTULO TRES

Crear una Cuenta de Desarrollador de Google Play

Ahora que su aplicación y archivo APK están listos para distribución, es el momento de subirlo a la Google Play store. Sin embargo, antes de hacerlo deberá crear una cuenta de desarrollador de Google. Así que, en este capítulo, usted aprenderá cómo crear una cuenta de desarrollador de Google play.

Creando una cuenta de desarrollador

Lo primero que necesita para crear una cuenta de desarrollador, es una cuenta en Google. Si no tiene una, puede crear una nueva cuenta gmail. Incluso, si usted ya tiene una cuenta, es recomendable que utilice una cuenta Google separada para sus actividades de desarrollo de aplicaciones.

El registro para desarrollar y publicar aplicaciones Android en la Google play store, no es gratuito. Viene con una etiqueta de precio de $25. Ésta es una tarifa única y es más económica que el registro como un desarrollador iOS de la plataforma Apple.

Para registrarse para una cuenta de desarrollador en Google Play:

1.   Haga clic en este URL <u>Google Play Developer Console</u>.

2.   Haga clic en "crear una cuenta" para obtener una nueva cuenta Google para sus actividades como desarrollador Android.

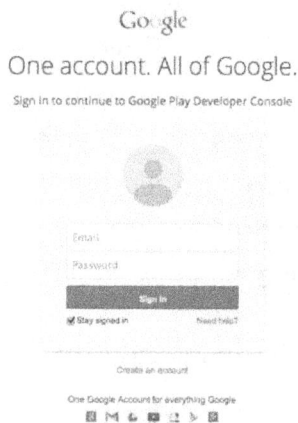

3.   Complete el formulario con los siguientes detalles:

- Nombre / Apellido
- Nombre de usuario (P.ej. su dirección de correo electrónico propuesta). Escoja un nombre que refleje apropiadamente su negocio/organización.
- Contraseña
- Confirme contraseña
- Fecha de nacimiento
- Género
- Número de teléfono móvil
- Dirección actual de correo electrónico

- Código Captcha (Para asegurar que usted es humano, ingrese el número mostrado en la pantalla)
- Ubicación
- Acuerdo de los Términos y Condiciones de Servicio y Política de Privacidad (Léalos cuidadosamente para asegurarse de que entiende en qué se está involucrando)

Usted será guiado a otra pantalla en donde podrá:

- Escoger utilizar una Cuenta Google diferente para su Consola de Desarrollador
- Aceptar el acuerdo de distribución de Desarrollador Google Play (Es recomendable que lea el acuerdo antes

de aceptarlo - como con todos los acuerdo en los que escoja involucrarse)

- Pagar las tarifas de registro
- Completar los detalles de su cuenta

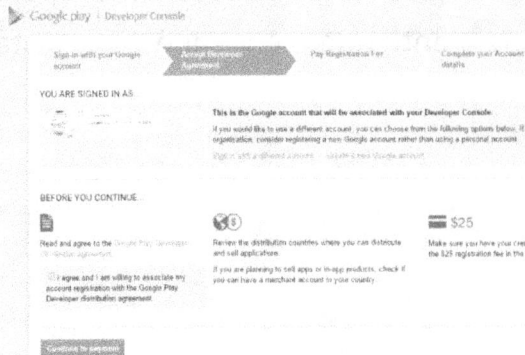

Haga clic en "**Acuerdo de distribución de Desarrollador Google play**". Una vez leído el Acuerdo de distribución de Desarrollador Google play, y que usted esté conforme de aceptar el acuerdo para utilizar el servicio, regrese al tablero de la consola y tilde la casilla.

Google Play Developer Distribution Agreement

Last modified: May 5, 2015 (view archived version)

Definitions

Authorized Carrier: A mobile network operator who is authorized to receive a distribution fee for Products that are sold to users of Devices on its network.

Brand Features: the trade names, trademarks, service marks, logos, domain names, and other distinctive brand features of each party, respectively, as owned (or licensed) by such party from time to time.

Developer or You: Any person or company who is registered and approved by the Store to distribute Products in accordance with the terms of this Agreement.

Developer Account: A publishing account issued to Developers that enables the distribution of Products via the Store.

Developer Console: The console or other online tool provided by Google to developers to manage the distribution of Products and related administrative functions.

Device: Any device that can access the Store, as defined herein.

Google: Google Inc., a Delaware corporation with principal place of business at 1600 Amphitheatre Parkway, Mountain View, CA 94043, United States; Google Ireland Limited, a company incorporated in Ireland with principal place of business at Gordon House, Barrow Street, Dublin 4, Ireland; Google Commerce Limited, a company incorporated in Ireland with principal place of business at Gordon House, Barrow Street, Dublin 4, Ireland; and Google Asia Pacific Pte. Limited, a company incorporated in Singapore with principal place of business at 8 Marina View, Asia Square 1 #30-01, Singapore 018960.

Payment Account: A financial account issued by a Payment Processor to a Developer that authorizes the Payment Processor to collect and remit payments on the Developer's behalf for Products sold via the Store. Developers must be approved by a Payment Processor for a Payment Account and maintain their account in good standing to charge for Products distributed in the Store.

Payment Processor(s): As specified and designated in the Developer Program Policies, a party authorized by Google to provide services that enable Developers with Payment Accounts to charge users for Products distributed via the Store.

Products: Software, content and digital materials distributed via the Store.

BEFORE YOU CONTINUE...

Read and agree to the Google Play Developer distribution agreement.

☐ I agree and I am willing to associate my account registration with the Google Play Developer distribution agreement.

Review the distribution countries where you can distribute and sell applications.

If you are planning to sell apps or in-app products, check if you can have a merchant account in your country

$25

Make sure you have your credit card handy to pay the $25 registration fee in the next step.

Continue to payment

Haga clic en "**continuar al pago**" para proceder a la siguiente pantalla e ingresar los datos de su tarjeta para el pago de la tarifa de registro.

Complete los siguientes detalles:

Google   🔒 .... @gmail.com ✕

Set up Google Wallet

NAME AND HOME LOCATION

Ghana (GH) ⬍

Name

Street address

City

PAYMENT METHOD

Credit or debit card

Card number   VISA AMEX DISC VER

Expiration date   Security code

MM / YY   CVC ❓

Billing address

☑ Billing address is the same as name and home location

☑ Send me Google Wallet special offers, invitations to provide product feedback, and newsletters.

I agree to the Google Payments Terms of Service and Privacy Notice.

Cancel   Accept and continue

*   Nombre

*   Ubicación

*   Dirección

*   Ciudad

*   Método de pago (especifique su método de pago seleccionando una opción de la lista de métodos de pago mostrada)

*   Complete la fecha de expiración de la tarjeta y el código de validación

*   Confirme si su dirección de facturación es la misma en nombre y dirección que la de domicilio

*   Especifique si desea que se envíen ofertas especiales de Google wallet a su dirección de correo electrónico.

Lea los términos de servicio. Asegúrese de leer los Términos y Condiciones de uso de Comprador de Google Wallet

---

Terms of Service - Buyer

August 5, 2013

This Terms of Service forms a legal agreement between you and Google Payment Corp. a wholly-owned subsidiary of Google Inc. ("Google"), which governs your access to and use of Google Wallet as a purchaser of merchandise, goods, or services. Please review this entire Terms of Service before you decide whether to accept it and continue with the registration process.

BY CLICKING ON THE "AGREE AND CONTINUE" BUTTON ON THE REGISTRATION PAGE, YOU AGREE TO BE BOUND BY THIS TERMS OF SERVICE.

1. Certain Defined Terms

The following defined terms appear in this Terms of Service.

- "You", "you" or "Buyer": A Customer that applies to, or registers to use, or uses, the Service to make Payment Transactions.
- Carrier Billing: Where offered to you, the payment process whereby GPC, on behalf of Seller, submits a Payment Transaction to the Carrier for billing to the Buyer's Carrier Billing Account.
- Carrier: A mobile telephone operator approved by GPC that offers a Carrier Billing Account.
- Carrier Billing Account: The monthly or other periodic billing account provided to you by your Carrier that you

Close

Haga clic en **"aceptar y continuar** "

Usted tendrá que revisar su información a fin de asegurarse de que es correcta, antes de continuar al siguiente paso. La tarifa está cotizada en Dólares de los Estados Unidos (esto se reflejará en su tarjeta de crédito si la transacción es exitosa):

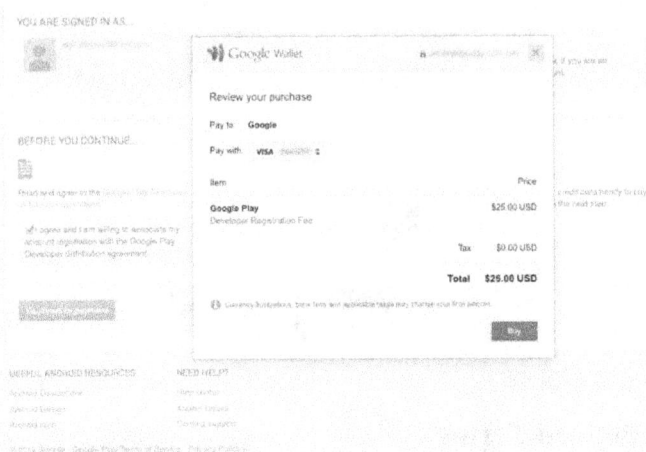

Si los detalles mostrados en la pantalla de confirmación son correctos, haga clic en el botón "**Comprar**". Usted puede completar el resto de su registro mientras se procesa su pago.

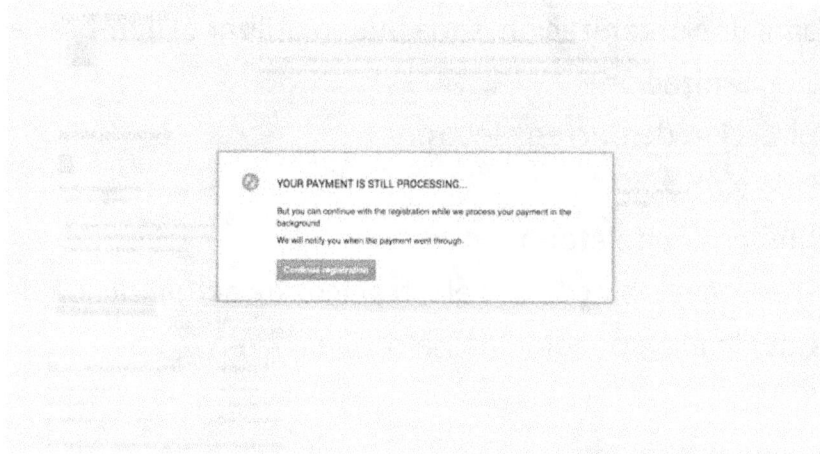

Lo siguiente es completar sus detalles de registro

completando la siguiente información:

- Nombre del Desarrollador (Asegúrese de que el nombre que usa sea único. Ésta se mostrará en la Google Play store bajo el nombre de su aplicación. Si usted trabaja para una organización, sería bueno utilizar el nombre de la organización)

- Dirección de Correo electrónico
- Sitio web
- Número de teléfono
- Si desea recibir correos electrónicos de actualización de Google Play, puede tildar la casilla.

Una vez que ingrese la información requerida en el formulario, haga clic en el botón "**Completar registro**".

Felicidades! Ahora posee una cuenta de Desarrollador en Google play.

CAPÍTULO CUATRO

Publicar su aplicación en la Google Play Store

Con su recién creada cuenta de desarrollador en Google, puede proceder a publicar su aplicación en la tienda.

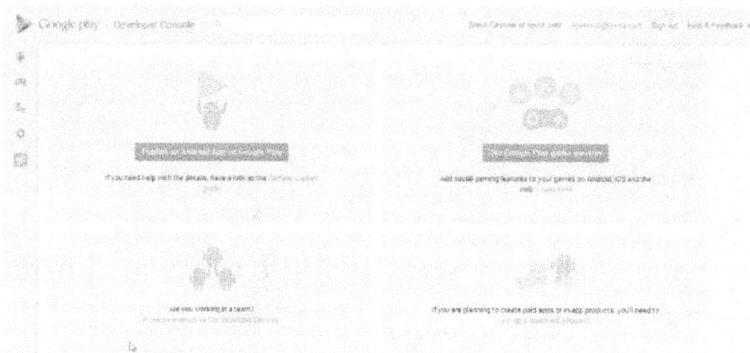

Haga clic en **"Publicar una Aplicación Android en Google Play"**

Es momento de subir su archivo APK, generado en el capítulo uno.

Escriba el nombre de su aplicación y haga clic en "**Subir APK**". Usted puede escoger si desea subir un archivo APK, o preparar una publicación en la tienda, o cancelar agregar una nueva aplicación.

Puede escoger subir el archivo APK firmado que usted generó u obtener una clave de licencia:

Existe la necesidad de prevenir la distribución no autorizada de su aplicación, entonces, haga clic en el botón **"Obtener clave de licencia"**, en donde puede obtener una clave de licencia (generada automáticamente para usted) que usted puede luego incluir en el APK binario.

Una vez que haya incluido su clave de licencia, puede volver a la pantalla de APK.

Haga clic en el botón **"Subir su primer APK",** que cargará una ventana en la que puede escoger subir el archivo APK firmado.

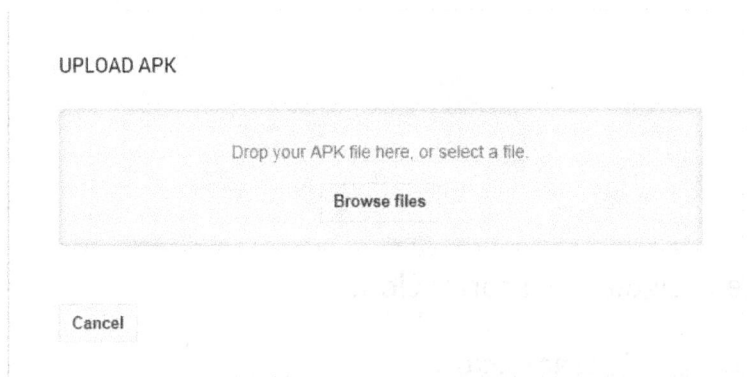

UPLOAD APK

Drop your APK file here, or select a file.

Browse files

Cancel

Usted puede arrastrar su archivo APK a la casilla o presionar buscar para buscarlo en su computador.

Una vez que termine con la carga de su archivo APK, puede hacer clic en **"publicación en la tienda** ", en el lado izquierdo del tablero. Aquí es donde usted completará toda la información acerca de su aplicación, que otros usuarios pueden ver cuando navegan en la tienda de aplicaciones.

Complete la siguiente información:

Agregar botón de traducción

Puede hacer clic en este botón si usted planea distribuir su aplicación a usuarios que hablen otros idiomas diferentes al inglés. Usted puede enviar las traducciones del título y descripción de la aplicación. Google play la mostrará de acuerdo a la ubicación del usuario.

Título:

Este es el nombre de su aplicación. Seleccione un título único para distinguirlo de las numerosas aplicaciones en la Google play store.

Descripción:

Esta es la descripción de lo que se trata su aplicación. Puede ser de hasta 4000 caracteres.

Texto de promoción

Este es el texto que acompaña sus imágenes promocionales en un lugar destacado en la Google play store.

Cambios recientes

Esta característica es utilizada para dar a conocer a los usuarios acerca de los cambios que realiza a su aplicación.

Pantallas

Estas son imágenes de su aplicación. Google play requiere que usted suba sus pantallas (pueden ser hasta 8).

Tipo de Aplicación

seleccione el tipo de aplicación para su aplicación. Existen sólo dos grandes tipos de aplicaciones en la Google play store - Aplicaciones y Juegos. Seleccione la más apropiada para representar su aplicación.

Categoría

Seleccione la categoría que se ajuste a su aplicación.

Clasificación de contenido

Seleccione la clasificación de contenido apropiada para su aplicación.

Detalles de contacto

Debe proporcionar sus datos de contacto para soporte. Puede ser su dirección de sitio web, correo electrónico o teléfono. Los usuarios pueden verla en la Google play store.

Cuando haya terminado de completar la página de publicación en la tienda, haga clic en **"precio y distribución"**. Es aquí en donde seleccionará en qué países desea que su aplicación sea vendida o distribuida.

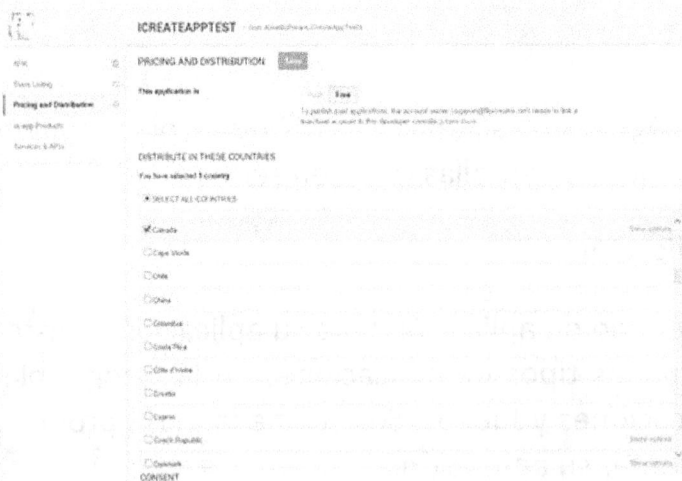

Aquí, también es donde fija el precio para su aplicación.

Cuando finalice el formulario, encontrará un menú desplegable, localizado en la esquina superior derecha de la página. Éste cambiará de "**Borrador**" a "**listo para publicar**". Haga clic en el menú desplegable y luego en "**Publicar esta aplicación**".

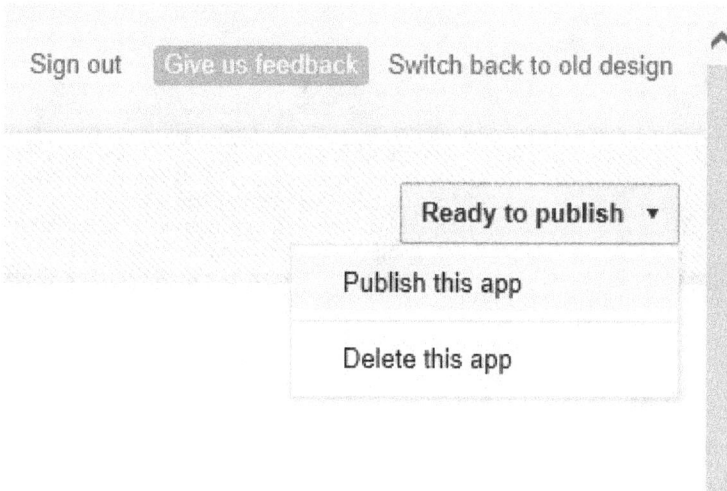

Esto puede tomar unas pocas horas o más, pero eventualmente usted podrá ver su aplicación disponible para otros usuarios de la Google Play store, para su descarga e instalación.

Y es así de simple distribuir su aplicación Android a través de la Google Play store como un desarrollador registrado.

CAPÍTULO CINCO

Errores comunes en la distribución de Aplicaciones de Google y cómo evitarlos

Utilizar las marcas registradas de otros usuarios

La políticas de Google play, mencionan explícitamente que un desarrollador no debe imitar otros productos o compañías. Usted no puede utilizar la marca registrada de otra persona. Por ejemplo, no puede utilizar "Buscador Googlemusic " como el nombre de su aplicación. Esto se ve como si no imitara a Google. Pero no es tan simple ni tampoco tan complicado. Si usted debe utilizar un nombre de marca registrada, es mejor que lo utilice al final del título de su aplicación y agregue "para" este. P.ej. "Buscador para Googlemusic". Esto muestra que la aplicación no es respaldada por Googlemusic. Además de esto, usted debería también agregar las atribuciones necesarias en su descripción. Por ejemplo, puede escribir - Googlemusic es una marca registrada de Google Inc. La mayoría de las compañías ofrecen lineamientos sobre cómo se debe utilizar su marca de forma apropiada. Sería mejor que revisara su sitio web primero.

Usted tampoco puede modificar un nombre de marca registrada. Por ejemplo. no puede utilizar "Facebook ++".

Pantallas y otros recursos

Usted no puede utilizar pantallas de portadas con derechos de autor. En lugar de esto, puede crear imágenes originales de su aplicación o utilizar contenido abierto cuanto tome las pantallas. Lo mismo aplica para los recursos en su aplicación.

Spam de palabras clave

Utilizar muchas palabras clave en la descripción de su aplicación es considerado spamming en la Google play store. En lugar de escribir muchas palabras clave, escriba algunas oraciones que expliquen la función de su aplicación. Asegúrese de utilizar palabras clave relacionadas. El uso de palabras clave no relacionadas es también definido como spam.

Aceptar pagos /donaciones de fuentes externas

No está permitido el uso de métodos externos de pago, a excepción de Google wallet. Esto se hace a través de compras dentro de la aplicación, o claves diferentes de pago o aplicaciones de donación. Otros métodos de pago se utilizan para productos que pueden ser utilizados fuera de la aplicación, tales como libros. Si usted planea utilizar métodos de pago externos, sólo puede hacerlo en su sitio web.

Publicidad

No incluya propaganda a través del sistema de notificación o agregue accesos directos o marcadores, con fines publicitarios. A la mayoría de los usuarios no les gusta. También debe separar sus propagandas de su contenido. Esto permitirá que las propagandas se vean al final de su aplicación. Esto también permitirá a los usuarios ver la publicidad, en lugar de confundirla con contenido real o correr el riesgo de hacer clic sobre ella por error.

Una vez más, mostrar publicidad fuera de su aplicación no es permitido. Esto incluye mostrar publicidad luego de que los usuarios salgan de la aplicación.

Iconos

Está prohibido el uso del icono de otro producto o compañía, a menos que tenga la autorización para hacerlo. Por ejemplo, puede utilizar y modificar el robot de Android bajo condiciones específicas (está registrado bajo la licencia 3.0 de atribuciones creativas compartidas).

Si no está seguro, puede crear su propio ícono o utilizar contenido abierto. Puede buscar íconos en Flaticon. Es un gran recurso y es fácil buscar íconos en la plataforma. Sin embargo, debe dar crédito por los íconos CC.

Conclusiones

Usted puede ver, en los pasos anteriores, que es sencillo publicar su aplicación en la Google play store. Cientos de aplicaciones son enviadas diariamente debido a la demanda por aplicaciones. Siga los pasos descritos anteriormente y permanezca dentro de las normas y directrices establecidos por la tienda de aplicaciones, para que usted no tenga sorpresas. Qué espera? Exponga sus aplicaciones y empiece a hacer dinero hoy.

www.ingramcontent.com/pod-product-compliance
Lightning Source LLC
Chambersburg PA
CBHW060450240326
41598CB00088B/4417